Qq

Qq

Qq

q

queen

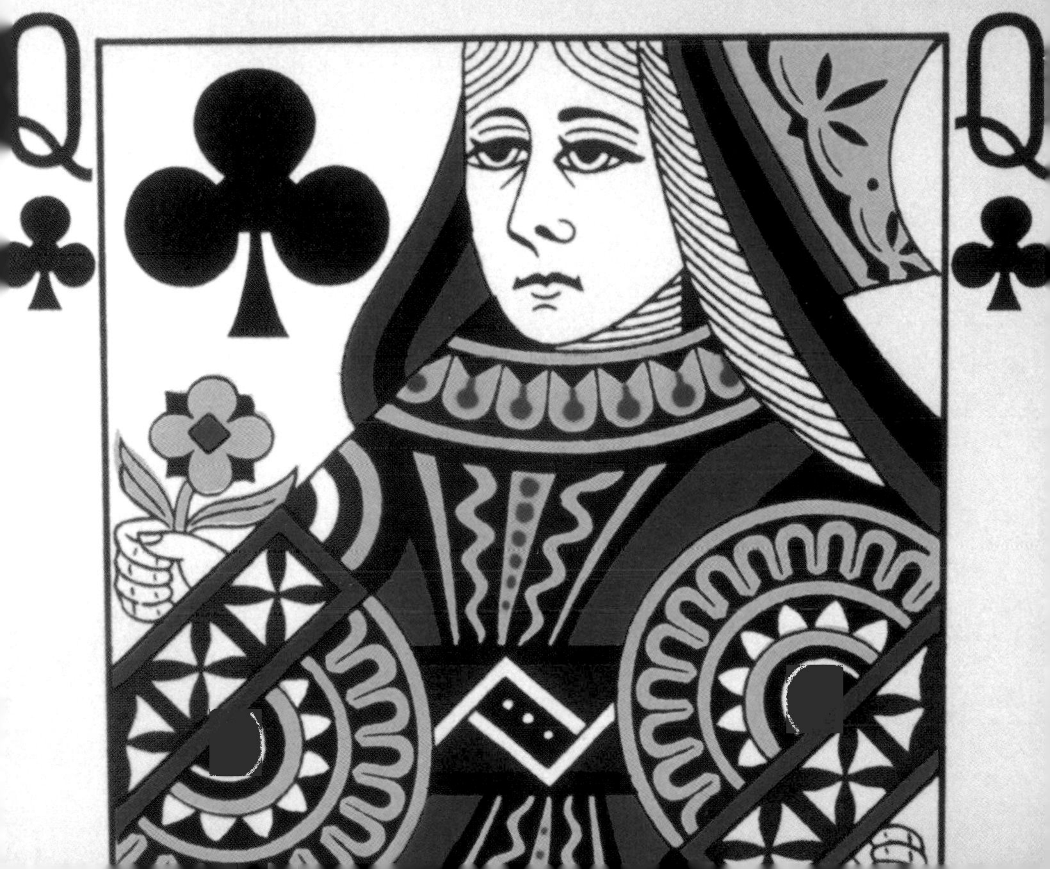
Q
Q

quilt

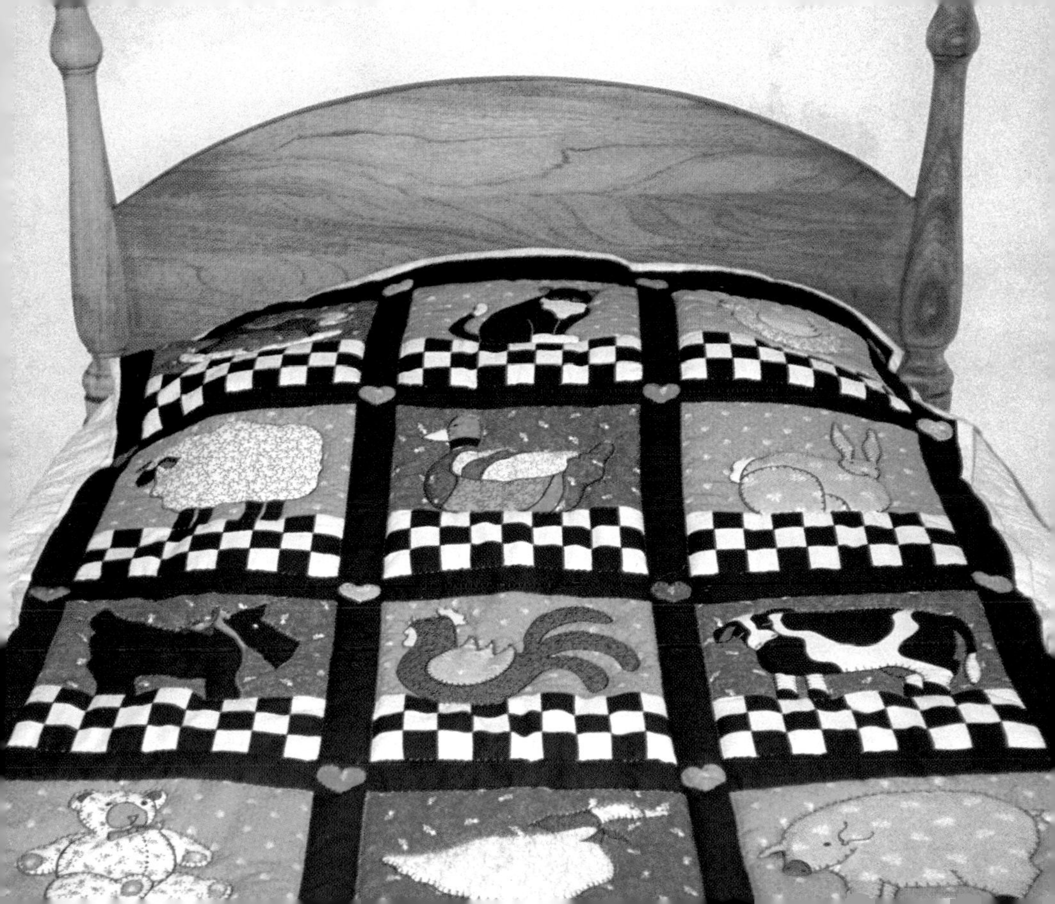

question mark

?

quarter

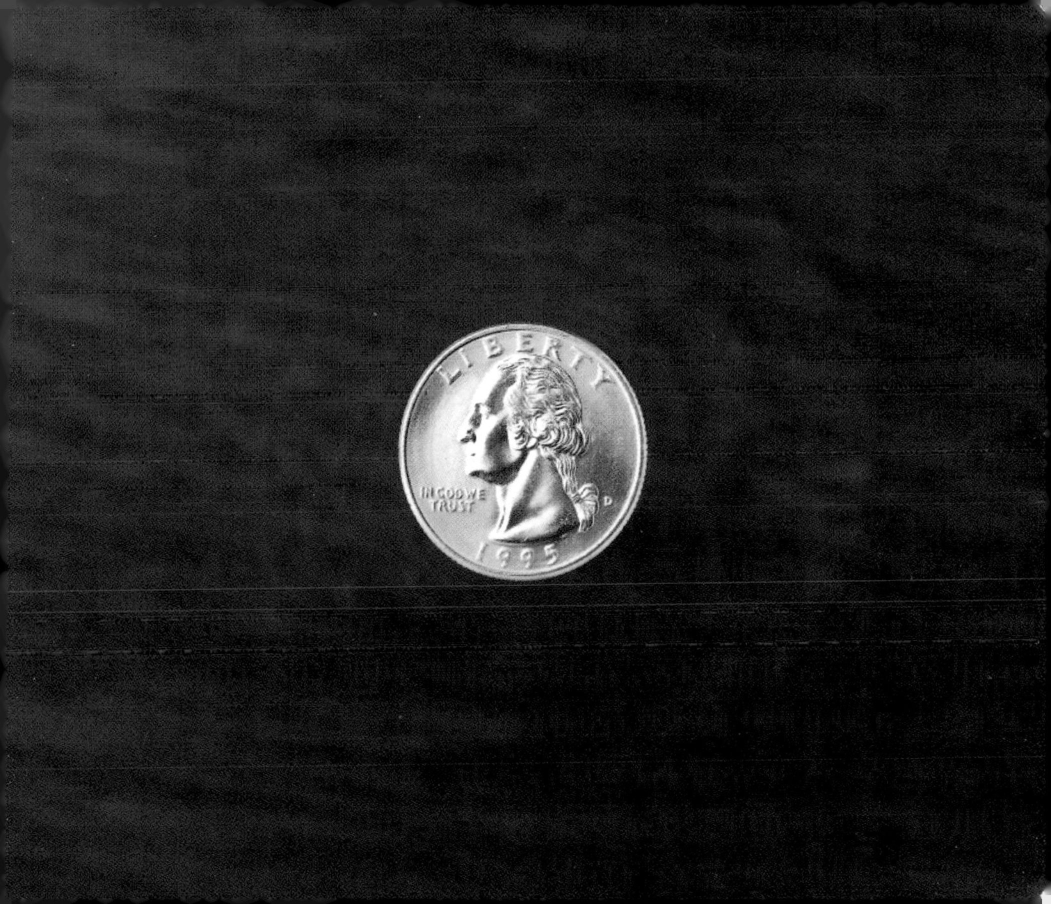
LIBERTY
IN GOD WE TRUST
D
1995

quack

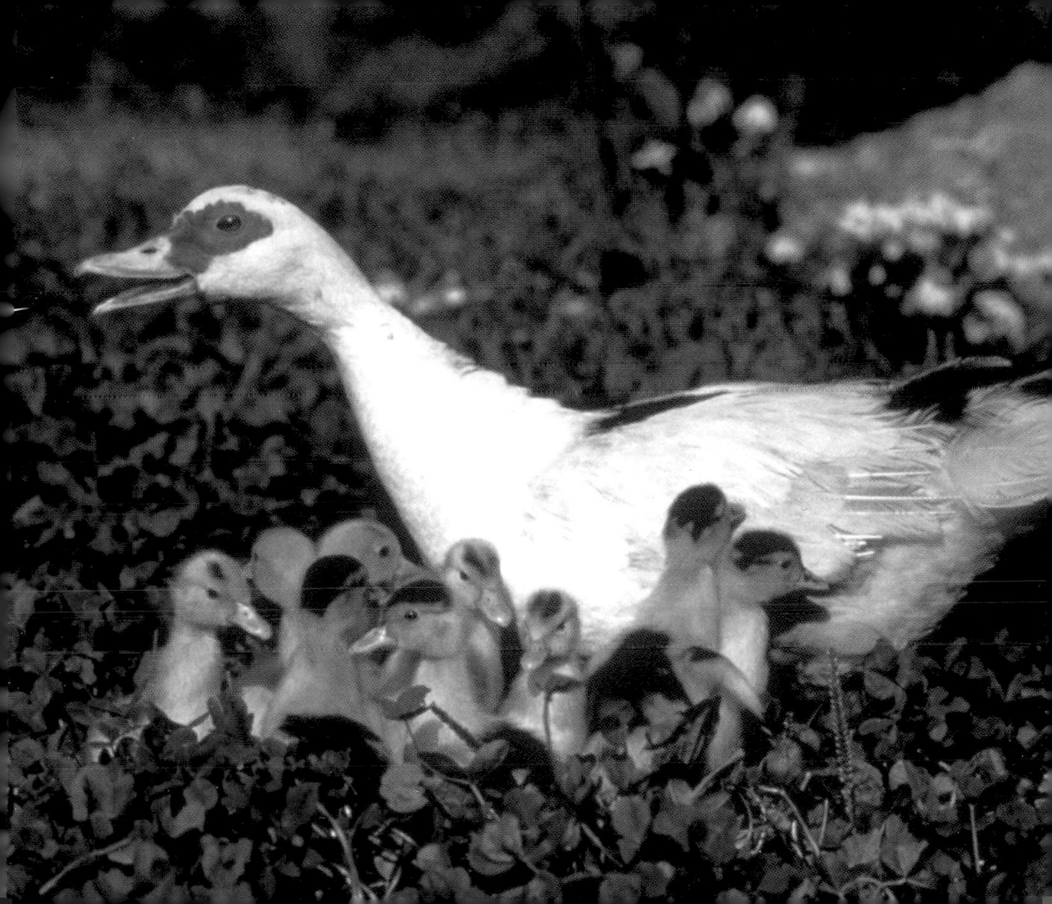

q

queen

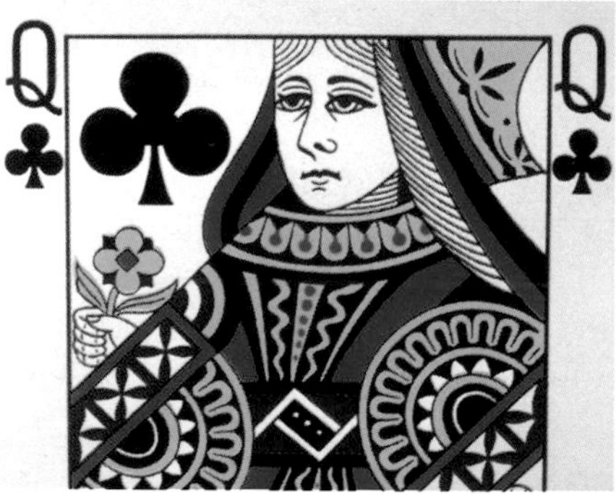